ETUDE HISTORIQUE

sur la pénétration et le développement de

L'INDUSTRIE
LAPIDAIRE

sur le plateau de Septmoncel
et dans la région de St-Claude

par

G. BURDET

Secrétaire en chef de la sous-préfecture de St-Claude

1925
IMPRIMERIE ALBERT ROUSSEL
MOREZ-DU-JURA

ETUDE HISTORIQUE

sur la pénétration et le développement de

L'INDUSTRIE LAPIDAIRE

sur le plateau de Septmoncel

et dans la région de St-Claude

par

G. BURDET, O I

Secrétaire en chef de la sous-préfecture de St-Claude

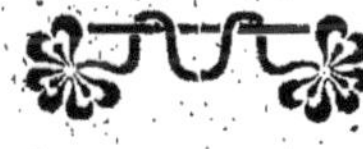

1925
IMPRIMERIE ALBERT ROUDSEL
MOREZ-DU-JURA

AVANT-PROPOS

L'étude que, sans prétention aucune, nous présentons au public, est de celles qui rentrent dans le cadre de l'histoire locale. Nous nous sommes gardé de pénétrer sur le terrain technique de l'art du lapidaire ; nous n'étions pas qualifié pour le faire. Notre but unique a été de rechercher comment la lapidairerie — après l'horlogerie — a pénétré dans notre région où elle a apporté tant de bien-être.

Nous ne nous flattons pas de donner un tout absolument complet : mais nous avons tenu, pour ce qui est dit, à être absolument véridique. Si nous avons réussi à démontrer le piquant intérêt de notre travail, nous désirons qu'il excite l'émulation des fureteurs, des érudits. A celui qui sera tenté de faire mieux, nous dirons avec certain poète :

> Là où je me suis arrêté, tu poursuivras,
>
> Ce que je n'ai pu faire, tu le feras,
>
> Où je n'ai pas su arriver, tu arriveras,
>
> Ce que j'ai commencé, tu l'achèveras.

G. B.

ABRÉGÉ HISTORIQUE

La région de Septmoncel et de Saint-Claude s'est acquise une réputation mondiale pour la taille des pierreries au point que bien des gens croient encore que cette région est le berceau de la lapidairerie. Il n'en est rien. Seule une taille plus parfaite, artistique, a-t-elle pu, comme nous le verrons ci-après, avoir une origine plutôt jurassienne.

Avant de pénétrer dans le propre du sujet, il nous a paru utile de remonter un peu haut dans l'histoire industrielle afin d'indiquer depuis quelle époque les pierreries sont utilisées comme ornements et depuis quand on les travaille pour leur éclat.

Les pierres ou *gemmes* furent un des premiers objets de parure et figuraient dans les anciens bijoux. Elles étaient employées plutôt brutes ; certaines, d'ailleurs, sous cet aspect, et grâce à leur cristallisation naturelle, présentent déjà une transparence relative.

Grecs, Romains, Egyptiens, Assyriens, Indiens, etc... utilisèrent de bonne heure les diverses gemmes : ils connurent l'art de la pierre gravée, les camées... Les anciens Grecs excellaient, a-t-on dit, *dans l'art de tailler les pierres dures*.

L'incertitude touchant les pierreries antiques fait qu'on ignore à peu près ce que fut cette taille ; on peut même la mettre en doute. S'il y eut des pierres taillées ou polies, elles ne furent que dégrossies ; on leur donna une forme un peu régulière et la taille ne fut déterminée que par le désir de leur donner cette forme plutôt que par le vouloir de tirer parti de leurs propriétés lumineuses, de leur éclat, raison supérieure de la taille proprement dite.

Au XIII⁰ siècle, existait à Paris une corporation riche et puissante composée surtout de compagnons orfèvres, de *cristalliers* ou *pierriers* qui devaient plus tard s'appeler *lapidaires*. Ils étaient principalement tailleurs de cristaux pour lustres : la matière première était le cristal de roche, le verre. Les premiers statuts de ce corps ont été donnés par Saint-Louis (1) et, depuis, confirmés par Philippe le Bel en 1290. Les artisans y sont appelés cristalliers-pierriers *de pierres naturelles*.

Un vieil ouvrage traitant de cette industrie dit : *«Les fausses pierres sont si semblables aux vraies que ceulx qui mieux s'y cognoissent y sont bien souvent déceulz...»* Cette citation établit que, dans les siècles passés, on s'est occupé de la lapidairerie, des pierres vraies ou fines, des pierres fausses.

L'imitation des pierres précieuses par le verre d'abord, puis par le cristal, remonte à une époque indéterminée, mais très éloignée. D'après une publication ancienne, dès 1407 « *plusieurs artificieux ouvriers polissoient diamans de diverses formes* ». Il n'est pas question de taille : on s'en tenait aux facettes naturelles. Selon le *Dictionnaire des Arts et Métiers* (1766), le diamant était employé fort rarement avant le règne de Louis XIII, parce que l'on n'avait pas trouvé encore le moyen de le tailler et que ce n'est que sous Louis XIV que l'on a commencé à en faire usage. On préférait les pierres fines et surtout les perles. On en conserva l'usage jusqu'à la mort de Marie-Thérèse d'Autriche. C'est à peu près l'époque où les diamants *taillés en brillants*, commencèrent à devenir en vogue et obtinrent la préférence sur les autres parures.

La taille du diamant remonterait à 1476. Elle est attribuée à Louis de Bercken, natif de Bruges ; mais cette paternité lui a été contestée par divers savants. M. Jean Escard, dans son traité : *Les Pierres précieuses*, s'exprime comme suit :

« Il est probable que de temps immémorial, on a cherché à augmenter l'éclat du diamant par un polissage superficiel. Les Grecs cependant le qualifiaient d'indomptable (*adamas*), parce qu'ils ne savaient pas le tailler. D'autre part, Pline, dans son *Histoire naturelle*, nous fait nettement comprendre que, par la faculté qu'il a de s'user lui-même et de graver les autres gemmes, le diamant peut être travaillé au point d'acquérir une forme différente de celle de l'état brut.

Aux Indes, il est de même probable que, dès la plus haute antiquité, on a connu des procédés permettant de polir les faces des cristaux naturels, l'octaèdre en particulier. Le proverbe sanscrit « *Le vajra n'est coupé que*

---

(1) Saint-Louis fut sans doute choisi comme patron de la corporation, raison pour laquelle les patrons lapidaires de Septmoncel offraient le pain bénit le jour de la fête patronale (Saint-Louis). Les lapidaires faisaient une fête le 1ᵉʳ dimanche d'août (Saint-Etienne).

par le vajra », montre que le clivage était peut-être, lui aussi, déjà connu à des époques lointaines.

Néanmoins, la véritable taille du diamant, celle qui consiste à le faire apprécier en joaillerie, a été connue et pratiquée assez tardivement, aussi bien en Orient qu'en Europe et il a fallu des siècles pour l'amener à l'état de perfection qu'elle a atteint aujourd'hui.

Les tailles informes et peu étudiées ne favorisaient nullement les jeux de lumière du diamant ; elles ont existé cependant et c'est une erreur historique et scientifique de considérer « la taille » comme datant seulement de 1476. C'est à cette époque, en effet, qu'un lapidaire de Bruges, Louis de Bercken, installa dans cette ville, plusieurs tailleries qui donnèrent une impulsion considérable à l'art de travailler le diamant ».

CHAPITRE PREMIER

La lapidairerie et la joaillerie. -- Genève

On a donc désigné, tout d'abord, sous le nom de lapidaires, des cristalliers-pierriers s'occupant surtout de la *verroterie*, cristaux pour lustres etc... Ce travail n'est pas comparable au produit de la lapidairerie actuelle où se révèlent de véritables artistes et dont les premiers sont vraisemblablement originaires de la région de Septmoncel après apprentissage peutêtre à Genève, Gex ou ailleurs. Il est regrettable même que leurs noms ne nous soient pas connus, car c'est par eux que la région septmoncelande et san-claudienne a connu l'aisance, alors que des pays avoisinants végétaient dans la misère plutôt. La prospérité n'a fait que s'accroître : elle s'est augmentée de considérable façon à la faveur de la dernière guerre.

Depuis longtemps Genève faisait un grand commerce d'orfèvrerie, de bijouterie, de joaillerie ; à côté des orfèvres, bijoutiers, joailliers, il y avait des lapidaires. Notre haute montagne du Jura avait des rapports constants avec ladite ville : on allait y faire la plupart des achats (1). Les gens qui avaient un voyage d'agrément à s'offrir se rendaient de préférence à Genève, véritable centre attractif de la région de Lajoux, Septmoncel, Les Rousses.

C'est donc du côté de Genève que nous devons nous tourner afin de connaître le mode de pénétration de l'industrie lapidaire sur le plateau de Septmoncel où elle s'est implantée, développée, perfectionnée, au point de laisser supposer qu'elle y a pris naissance.

Un ouvrage important de M. A. Babel (*Les métiers dans l'ancienne Genève*, Histoire corporative de l'horlogerie et de l'orfèvrerie, Jullien-

(1) " En l'an 9, on fabriquait des *boëtes* en sapin à Septmoncel, à raison de 40 sols la pièce, on allait acheter les cadenas de fermeture à Genève " (Conseil d'arrondissement de St-Claude).

Genève 1916) nous a permis d'ouvrir quelques jours sur un passé demeuré ténébreux ; nous lui avons fait quelques emprunts au sujet du développement de la lapidairerie à Genève auprès de l'orfèvrerie et de la bijouterie.

Un registre d'immatriculation des biens de Genève dressé en 1477, établit qu'il y existe douze artisans qualifiés de *aurifaber*, *dorerius*, *diamanterius*, appartenant à un titre ou à un autre, au travail de l'or, à l'art de l'orfèvrerie et de la joaillerie.

La belle orfèvrerie faisait emploi d'ornementations en diamant et autres pierres précieuses : les petits orfèvres travaillaient à bas titre et employaient des pierres fausses en blanc et en couleurs.

En 1566, une ordonnance des orfèvres prohiba l'usage des pierres fausses et des *verres de couleur*.

En 1595, les orfèvres déclarèrent la guerre aux diamantaires qu'ils accusaient de leur faire une concurrence déloyale, car ceux-ci allaient jusqu'à ouvrer des objets d'or et d'argent. Ils demandèrent au Conseil administratif de la ville « de faire observer les ordonnances naguère faites sur leur estat, singulièrement contre les lapidaires qui n'y veulent obtempérer ».

La bijouterie employa beaucoup de pierreries et occupa des diamantaires et des lapidaires.

En 1625, la profession de ces artisans et celle des orfèvres étaient si rapprochées qu'on dût les confondre au sein de la même jurande. « Les diamantaires et les lapidaires taillaient les pierres précieuses et les mettaient en œuvre. Mais ils n'avaient pas théoriquement le droit de fabriquer des bijoux, droit que leur déniaient les orfèvres, d'où frottements incessants ; le meilleur moyen d'y mettre fin était de jurer le corps des diamantaires et de le réunir à celui des orfèvres... »

Les éléments font défaut qui donneraient la situation des maîtres lapidaires aux XIVe et XVe siècles, les salaires des compagnons, le prix de vente des produits, la vie de tous les artisans.

Dès la fin du XVe siècle, les entraves mises par Louis XI et le duc de Savoie à la circulation des marchandises se rendant à Genève, la création de foires à Lyon, etc... amenèrent une prompte décadence des marchés genevois. La ville se dépeupla et se trouvait dans une situation pénible au moment de l'établissement de la Réforme.

Les persécutions religieuses survinrent, les adeptes des croyances nouvelles durent abandonner leur pays et c'est ainsi que des groupes de Français, d'Italiens, d'Allemands, etc... affluèrent vers Genève, alors que les Genevois quittèrent leur ville pour les régions voisines où ils portèrent leurs industries. De même, la plupart des réfugiés arrivèrent dans la cité avec des professions qu'ils continuèrent à exercer, d'où nouvelle période de prospérité.

En 1536, Genève avait chassé son évêque et adopté le calvinisme. En cette même année, Berne ayant conquis le pays de Vaud, le pays de Gex et le Chablais sur le duc de Savoie, imposa le protestantisme dans ces régions. En 1564, le duc de Savoie ayant recouvré le Chablais et le pays de Gex, y rétablit le catholicisme, de sorte qu'il y eut aux dites époques, un chassé-croisé de catholiques refusant de se faire protestants et de protestants refusant de revenir au catholicisme. De nombreux catholiques gagnèrent le Haut-Jura, la terre monastique de Saint-Claude, y apportant des industries diverses, comme il est dit ci-après.

CHAPITRE II

La lapidairerie et l'horlogerie
Voltaire fabricant de montres à Ferney

Etant données les relations étroites qui ont existé entre la lapidairerie
et l'horlogerie, étant donné que Septmoncel est la première localité horlogère du pays, nous sommes dans l'obligation de consacrer un chapitre
à l'historique de l'industrie de l'horlogerie dans le Jura.

Au XVIe siècle, une industrie nouvelle prit naissance à Genève qui
allait devenir prépondérante dans les siècles suivants ; ce fut l'horlogerie.
Après la Saint-Barthélemy (1572) les rangs des *orologers* genevois furent
grossis par de nouveaux artisans, la plupart français. La montre de poche
fabriquée dès le début du XVIe siècle à Paris, Dijon, Autun, Blois, Lyon,
etc... prit un grand essor à Genève. Elle occupa, à son tour, nombre d'ouvriers lapidaires, tant pour la fabrication ou préparation des verres, l'ornementation des boîtiers que pour, plus tard, la préparation des rubis
pour contre-pivots. C'est vers 1700 que les horlogers se servirent de pierres précieuses pour les trous destinés à revevoir les pivots des montres.

Une ordonnance de 1673 régla, de façon sévère, les conditions du travail à Genève ; la méfiance se manifestait à l'égard des campagnes avoisi-
nantes ; des mesures rigoureuses visèrent surtout les villages du pied du
Jura, du pays de Gex, où les lapidaires étaient déjà nombreux et où l'horlogerie commençait à s'implanter. Ces artisans avaient, pour la plupart,
quitté Genève devant la décadence de la ville, les persécutions religieuses,
la tyrannie des jurandes et des maîtrises, etc... pour gagner la campagne
qui offre tant de ressources et de calme et nous voyons ainsi les industries
qui nous intéressent s'acheminer de Genève vers la région du Jura.

On se rendait parfois à l'invite de quelque prince ou seigneur désireux
de fixer sur ses terres une industrie nouvelle et nombreux sont ceux qui
abandonnèrent Genève au profit du Jura français, neuchâtelois, bernois,
et de la Savoie.

Il se forma des colonies genevoises à Versoix, Rolle, Ferney, Constance, Besançon, qui formèrent quantités d'élèves ou apprentis.

Septmoncel fut dans le Jura la première localité qui s'occupa d'horlogerie, cela dû au hasard comme nous allons le voir.

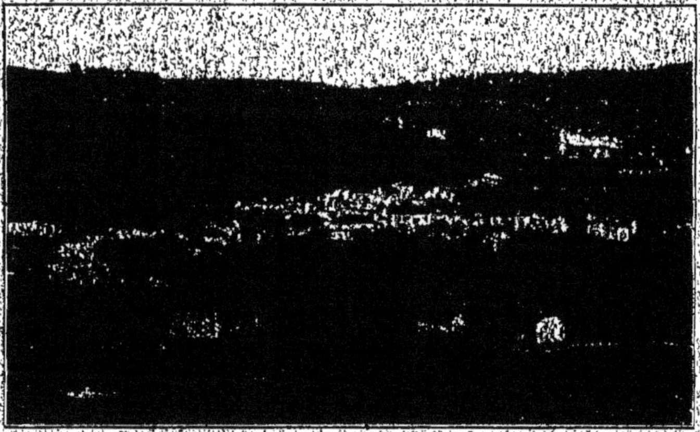

SEPTMONCEL. — VUE GÉNÉRALE. (Cliché Grand Négoce)

Le nom de *Septmoncelli* existe, en Italie, comme nom de familles, peut-être aussi de pays. Il n'est pas rare de voir des noms de familles donnés aux territoires que celles-ci occupent et inversement. On est ainsi amené à croire qu'une colonie de Savoie — province autrefois italienne — vint se fixer sur le plateau jurassien qui nous préoccupe et donna ainsi son nom à la localité créée ; elle n'y a pas fait souche, ce qui semble impliquer que le nom a une autre origine. Le mont *Cel* existe en Savoie. L'émigration en Savoie était très intense dans les siècles passés et les moines de l'abbaye de Saint-Claude ne manquèrent pas d'attirer le plus possible d'émigrants sur leurs terres à défricher et à peupler ; la population peu nombreuse au XIIIe siècle s'accrut rapidement au cours du XVIe siècle. En 1528 « le sol de Septmoncel estoit un lieu stérile ne pouvant produire que de l'orge et de l'avoine ; les habitants n'avaient d'autre moyen de subsister que d'élever une grande quantité de bétail, ils avaient reçu de toute ancienneté des abbés de Saint-Claude la permission de jouir des haultes montagnes et lieux commungs pour l'entretien de leur bétail et de mettre les bois en culture... »

Les seuls produits de l'agriculture furent les premières ressources des habitants :

Les colons peu nombreux au commencement du XVIe siècle dans les vastes *chaumes* de Septmoncel sont très nombreux à la fin du même siècle. Les anciens registres de la paroisse donnent une moyenne de 50 baptêmes, 20 mariages et 35 décès par année.

Il y eut ensuite :

De 1606 à 1620, une moyenne de 100 baptêmes, 20 mariages, 70 décès.
De 1621 à 1630, une moyenne de 80 baptêmes, 20 mariages, 50 décès.
De 1631 à 1650, une moyenne de 100 baptêmes, 30 mariages, 50 décès.

L'accroissement de la population fut l'effet et peut-être aussi la cause de nombreux acensements faits par les abbés de Saint-Claude à divers habitants de Septmoncel ainsi qu'à des étrangers venus de divers lieux et principalement des terres envahies par le protestantisme (cantons de Genève, de Vaud, pays de Gex).

Tous les résidants étaient mainmortables.

Les maisons étaient basses, presque entièrement construites en bois, couvertes de bardeaux ou tavaillons. Le type qui devient légendaire était la maison *à cheminée de bois, sans chambre en haut*. La cheminée de bois en forme de bonnet carré, de pyramide quadrangulaire occupait toute la pièce servant de cuisine (*l'outâ*). Au-dessus était disposée une planche large — volet ou manteau — mobile, qu'on déplaçait à l'aide d'une corde pour se garantir du vent ou de la pluie. Par cette ouverture du sommet venait la lumière et s'échappait la fumée. A côté de la cuisine était le *poêle*, chambre à coucher des parents, salle de réception.

Les maisons en bois n'offraient pas un abri sûr contre l'ennemi, l'envahisseur des régions voisines ; les habitants établirent à proximité des constructions réduites, en maçonnerie, pouvant recéler ce qu'on voulait soustraire à la piraterie, à la *picorée* et ce qu'on désirait conserver en lieu frais : c'étaient les *greniers-forts* dont on rencontre encore quelques spécimens. Les murs épais n'offraient qu'une seule ouverture fermée par trois portes ayant chacune environ 0 m. 12 d'épaisseur. L'intérieur était aménagé à une certaine profondeur dans le sol.

Pour s'éclairer on fit longtemps usage de lanières ou *éclapins* de hêtre ou de sapin dur fixés sur un pied ou contre un mur ; on brûlait aussi de la résine dans des espèces de casseroles ou chaudrons appelés *bronzins*.

Puis vinrent les premières lampes à huile ou *croesus* porteurs d'une languette pour la mèche.

Aux temps où nous reportent ces souvenirs de nos aïeux, l'habitant des montagnes travaillait beaucoup moins qu'aujourd'hui : il ne connaissait guère d'autre besogne que celle des troupeaux et des champs et les loisirs étaient tels qu'on laissait l'enfance se prolonger jusqu'à vingt ans, sans autre occupation que de suivre nonchalamment le bétail dans les pâturages, de participer aux travaux de culture. Mais, depuis que l'industrie s'est introduite dans le pays, elle a plus que doublé l'ancienne tâche.

Les familles émigrantes apportèrent avec elles de précieuses industries, notamment l'horlogerie, la fabrication des étoffes grossières, des cuillères, des caissettes en bois, de la clouterie, etc.....

OUVRIER LAPIDAIRE
S'ÉCLAIRANT A L'AIDE DU *crœsus*

(Cliché Grand Négoce)

En 1546, une perquisition à Genève ayant fait découvrir deux pages de latin où un certain Gruet niait le paradis et l'enfer, Calvin déféra le *scélérat* aux magistrats genevois qui le condamnèrent à avoir le tête tranchée, sentence qui fut exécutée le 25 juillet de la même année. Effrayée pour sa propre sûreté, la famille de Gruet chercha un asile dans les montagnes du Jura. Elle se fixa à Septmoncel où elle apporta l'industrie de l'horlogerie de *bois* jusqu'alors inconnue dans le pays.

Les frères Mayet, à leur tour, fuyant la persécution des sectateurs de Calvin, vinrent se réfugier à Septmoncel : c'étaient des horlogers de talent.

L'un d'eux alla dans la direction de Morez où l'on travaillait le fer et exerça son métier à Morbier ; son frère l'y rejoignit plus tard. Ils s'occupaient de l'horloge en bois qu'on fabriquait surtout en Suisse et dans la Forêt-Noire ; une de ces horloges que l'un des frères Mayet rencontra, dit-on chez les capucins de Saint-Claude et qu'on lui permit d'emporter, fut un modèle pour en construire une en fer. C'était vers 1660. Ladite horloge marchait au moyen d'un ressort spiral : les frères Mayet y substituèrent le balancier d'Huygens. Une anecdote gaie a donné la première difficulté éprouvée pour la mise en marche du balancier (l'embrayage). Les premiers essais furent sans doute très imparfaits ; mais bientôt les procédés et les outils allèrent en se perfectionnant ; il fut donné à un Sanclaudien d'apporter de notables améliorations à l'industrie horlogère qui venait de prendre pied dans le pays. Ce fut Antide Janvier, dont on a donné diverses biographies surtout à l'occasion du centenaire de Bréguet (1923). On a parlé beaucoup de ce dernier horloger suisse, d'origine française ; on a négligé Janvier qui fut plus savant, tout aussi habile, mais qui en raison de son caractère décidé, de son agreste franchise déplut à nombreux courtisans adulateurs, et de ce fait, ne connut jamais la gloire à laquelle il pouvait prétendre et aujourd'hui, même dans son pays d'origine, il est oublié, méconnu.

Antide Janvier, artiste célèbre qui a donné son nom à une rue de Saint-Claude, naquit le 1er juillet 1751 à Avignon, proche ladite ville. Son père, d'abord simple laboureur, mais possédant le génie de la mécanique, quitta son premier métier pour se consacrer au travail délicat de l'horlogerie ; il vint se fixer à Saint-Claude, rue Neuve, aujourd'hui rue Antide Janvier et initia son fils aux principes de son art. Tous deux ne fabriquèrent d'abord que des rouages en bois.

Antide Janvier apprit les mathématiques, les éléments des sciences exactes, l'astronomie et, dans l'espace de 18 mois, exécuta une sphère mouvante qui fut reçue avec éloges par l'Académie de Besançon le 4 mai 1768. A 19 ans l'artiste fut nommé citoyen de Besançon. En 1770, le jeune Janvier construisit, pour l'Instruction publique, un grand planétaire de trois pieds de diamètre.

En 1771-72 il était aux Chalettes de Morbier près des horlogers ; delà il alla à Morez, rectifia les méthodes de fabrication, fit adopter des principes nouveaux et dans la construction, apprit à réunir l'élégance à la solidité. L'horloge de bois qui devait faire abandonner le cadran solaire allait faire place à l'horloge de fer. En 1773, un planétaire de Janvier, perfectionné et réduit fut présenté à Louis XV ; c'est à cette occasion que Janvier vit Paris pour la première fois ; il eut une *histoire* avec le premier gentilhomme de la chambre du roi et dut quitter la capitale, dégoûté de la cour et des courtisans. Quelques années après, Antide Janvier était installé à Verdun où ses travaux furent remarqués. En 1783 il y fut présenté au frère de Louis XVI, de passage dans cette ville.

En mars 1784, Janvier se rendit à Paris pour s'y procurer des objets relatifs à l'horlogerie et pour y faire dorer deux petites sphères mouvantes. C'est à cette occasion qu'il rencontra le grand astronome M. Lalande et qu'il fut présenté au roi qui fit l'acquisition des deux sphères, attacha à son service l'artiste qui devint Parisien à partir du 5 octobre 1784.

Il y avait déjà une distance incalculable entre l'horloge à rouages de bois que Janvier fabriquait au modeste atelier paternel et l'horloge à sphère mouvante du type de 1784, l'horloge planétaire qu'il construisit ensuite, que l'Académie des sciences honora de ses suffrages et dont le roi Louis XVI ordonna encore l'acquisition.

Janvier s'acquit une réputation très étendue : il se plaça à la hauteur des savants les plus distingués du XVIIIe siècle. Il continua ses travaux en les perfectionnant toujours et personne n'a plus contribué que lui à porter l'horlogerie française à l'état de prospérité où elle parvint dans la suite. Il mourut dans la misère le 23 septembre 1835. En 1818 il avait épousé une fille de St-Lupicin, Sylvie Mélanie Thérèse de la Tour née en 1779.

D'après un mémoire de M. Baud (le premier sous-préfet de St-Claude) établi en l'an III (1795) « le Jura possède des ateliers d'horlogerie, principalement dans le district de St-Claude ; les habitants ont, dès longtemps, acquis une grande réputation justement méritée d'intelligence et de dextérité. L'horlogerie en gros volume et en pendules est une des sources de prospérité de ce district... les horlogers sont actuellement au nombre de 155 dont 123 chefs de famille, 16 ouvriers et 16 apprentis.

L'horlogerie en petits volumes paraît avoir décliné...l'on ne compte plus, dans ce district que 91 horlogers dont 8 seulement sont finisseurs. Les trois quarts de ce nombre sont établis à Septmoncel. L'horlogerie en gros volume avait ses débouchés dans l'intérieur de la République ; elle baissait assez ses produits pour s'ouvrir des écoulements en Suisse où elle remplaçait les horloges en bois chez les cultivateurs aisés. A ces travaux se joignaient ceux des tourne-broches à carillons qui étaient assez estimés chez les étrangers. »

Quatre années de révolution avaient considérablement réduit le nombre des ouvriers car, d'après les renseignements recueillis, 750 ouvriers horlogers existaient en 1789 dans les cantons des Bouchoux, de Septmoncel, de Morez et de St-Laurent.

Les deux premiers ne travaillaient qu'en montres de poche dont le prix moyen à Genève était de 10 francs. Sepmoncel en retirait en moyenne, à l'époque, cent mille francs par an, quelques années après, cette somme tomba à 3 ou 4000 francs et le chiffre des ouvriers à 90.

La fabrication des montres n'eut jamais gros succès ; la grosse horlogerie seule se maintint et son centre principal et définitif fut Morez.

Dans les cantons de Morez et de Saint-Laurent les ouvrages étaient beaucoup plus variés ; on y fabriquait montres, pendules, horloges à poids, tourne-broches à ressort. En l'an IX, les 400 ouvriers établis dans le canton de Morez pouvaient fabriquer en moyenne par an 4000 horloges, 500 tourne broches et 200 pendules. Les quatre cinquièmes de ces ouvrages se débitaient à l'intérieur de la France et le surplus en Espagne, en Suisse et en Italie.

Le seul canton de Saint-Laurent produisait environ 4000 horloges, 100 pendules et 200 montres.

La fabrication des montres disparut totalement : elle ne put même se fixer dans le canton de Morez. Il faut, pour les montres, une très grande variété de machines et d'instruments minutieux que l'on ne peut avoir que dans un atelier, une manufacture et qui ne peuvent être utilisés que par des ouvriers familiarisés de longue date avec ce genre de travail.

Pour protéger l'horlogerie nouvelle, le Conseil de district de Saint-Claude et le Conseil d'arrondissement qui suivit demandèrent à maintes reprises l'établissement d'un droit élevé sur l'entrée des horloges en bois, produit de l'industrie de la Forêt-Noire et de la Suisse.

L'horlogerie précéda donc la lapidairerie sur le haut plateau du Jura d'où elle disparut tout à fait pour la région morézienne ; mais elle occupa encore, en dernier lieu, des lapidaires qui furent plutôt des pierristes préparant les rubis pour la montre.

Si l'on remonte à quelques siècles, Savoie, Bugey, pays de Gex, pays de Vaud, Gruyère, Bas-Valais, c'est tout un. Vaud fut séparé de la Savoie en 1536 le pays de Gex et le Bugey appartenant au duc de Savoie devinrent Français à la suite du traité de Lyon en 1601. Versoix et quelques communes du bord du lac Léman, françaises, ne devinrent suisses qu'en 1815.

Revenons à Septmoncel. Par suite des immigrations successives qui se sont produites, cette vaste communauté qui s'étendait du Flumen au Bief de la Chaille et de la vallée de Mijoux à la Combe Sambine (Longchaumois) vit sa population doubler de 1550 à 1650.

La lutte entreprise par Genève contre la campagne avoisinante vers la fin du XVIIᵉ siècle devint violente contre le pays de Gex, le Jura français, le Jura neuchâtelois, le Faucigny, etc., où, après n'avoir fabriqué que des mouvements bruts d'horlogerie, l'on se mit à finir les montres, faisant ainsi une concurrence redoutable à l'industrie genevoise. Des confiscations furent prononcées ; « moins heureux fut le curé de *Sémoncel* du « Jura français qui suppliait le Conseil administratif qu'on rendît à une « de ses ouailles ses montres qu'on avait confisquées et qui constituaient « toute sa fortune. »

Vers 1740, nombreux villages gessiens possédaient des colonies horlogères de quelque importance. Gex obtint en 1748 une jurande d'horlogers.

Une lutte économique fut entreprise pour ruiner l'industrie de Genève. Voltaire en fut un des principaux acteurs. Il organisa cette lutte en 1764, avec son ami Choiseul, ministre de Louis XV, près de qui il sollicita plus particulièrement des subventions pour aider à la création d'ateliers. Ceux de Verspix et de Ferney furent fondés avec la désignation de *Versoix-Choiseul* et *Ferney-Voltaire*.

L'atelier de Versoix fut, de suite, très prospère : l'on ne put loger tous les arrivants : beaucoup demandèrent l'hospitalité à Voltaire. Le seigneur de Ferney rédigea en leur faveur à son ami Choiseul, un mémoire où il est dit : « Vingt familles demandent journellement asile : il faut les loger, « leur accorder protection et secours et, à la prochaine foire de Beaucaire, « le pays de Gex pourra envoyer 2000 montres d'or... »

Voltaire écrivait également au cardinal de Richelieu : «... les artistes de « ma colonie, Monseigneur, qui ont fourni selon vos ordres, une montre « garnie de diamants pour les noces de Mme la Comtesse d'Artois se « jettent à vos pieds... On fabrique ici des montres beaucoup mieux qu'à « Genève et le sieur Lépine, horloger du Roi, l'un des plus habiles de « l'Europe, y a son comptoir et ses ouvriers... vous aurez, pour dix-huit « louis, d'excellentes montres à répétition garnies de marcassites, aussi « brillantes que les diamants... »

Malgré ses protections, malgré le succès apparent de son entreprise, Voltaire succomba dans la lutte qu'il avait engagée : celle-ci prit fin en 1769. En septembre 1770, Louis XV accorda aux artisans genevois de vivre dans le pays de Gex *« selon leurs mœurs et usage »*. En décembre de la même année, la disgrâce de Choiseul accéléra la ruine de Versoix.

Il n'en fut cependant pas de même de Ferney. Sans même attendre cette chute de Versoix, Voltaire qui avait fait construire, près de son château, une douzaine de maisons, les céda à des artisans genevois moyennant une rente viagère : les constructions s'accrurent. En octobre 1770 il y en avait une quarantaine dont l'une portait l'enseigne :

« Manufacture royale des montres de Ferney »

Outre les Genevois, Voltaire avait attiré dans son entreprise des paysans gessiens, pour en faire des horlogers et des lapidaires pour tailler ses contre-pivots et les pierres d'ornementation des boîtiers.

Bien que le philosophe ait su mettre à profit ses hautes relations et ses puissantes amitiés pour faire prospérer ses affaires, l'année 1781 vit la ruine de son établissement qui ne se suffit jamais à lui-même et resta toujours tributaire de l'industrie genevoise qui eut les avantages de cette lutte téméraire entreprise si légèrement et qui contribua à faire disparaître petit à petit le travail de la montre du Jura français en particulier. L'industrie lapidaire allait y suppléer. Voltaire la fit avancer jusqu'au pied de la Faucille pendant qu'elle se développait sur d'autres points.

Nous avons tenu à donner l'exposé qui précède afin de bien établir que la lapidairerie fut d'abord solidaire de l'orfèvrerie, de la joaillerie, puis de l'horlogerie; mais plus spécialement de la fabrication de la montre.

Paris ne se laissait point surpasser pour toutes ces industries : le bien fini et le bon goût de ses ouvrages étaient très réputés.

___

CHAPITRE III

La lapidairerie proprement dite
Le cristal de roche du Valais
Septmoncel
Pénétration de l'industrie

___

Il y a lieu d'admettre que les premiers lapidaires du Haut-Jura travail-
lèrent tout d'abord à la préparation des rubis et des pierreries pour les
montres de Genève, Ferney, Versoix. Mais dans divers centres, on s'adon-
nait exclusivement à la lapidairerie, on formait des apprentis et il n'est
point téméraire d'émettre que des gens de la région de Septmoncel soient
allés apprendre un métier qui était lucratif.

La stérilité du sol sur ce plateau fut, avec l'appât du gain, une inspi-
ratrice de l'élan industriel qui devait se manifester et les habitants, au
lieu de fuir un climat froid se sont ingéniés à trouver les moyens de vivre un peu commodément sur une terre qui leur refusait la satisfaction
de leurs plus pressants besoins. Ils furent particulièrement secondés,
comme il est dit plus haut, par les persécutions religieuses, par le dépla-
cement de l'industrie de la montre. Mais il semble également et le fait
paraît indiscutable, que l'industrie lapidaire fut apportée de Genève,
de la vallée de Joux, du pays de Gex, par quelques ouvriers d'initiative
qui allèrent se former en ces divers lieux.

Les ouvriers lapidaires venus de Genève à Gex pour échapper à l'in-
supportable réglementation des *maîtrises* et des *jurandes* trouvèrent chez
leurs voisins, les montagnards de Mijoux et de Septmoncel, des apprentis
et bientôt des émules.

Un atelier lapidaire aurait fonctionné à Aubonne (Suisse) près du lac
de Genève, au milieu du XVIIᵉ siècle. Cet atelier fut établi par un sieur
Tavernier qui vécut de 1605 à 1690, réalisa une grande fortune dans ses

courses lointaines pour le commerce des pierreries. Ses ouvriers vinrent, dit-on, de Genève, de Paris, de la vallée de Joux. L'exemple d'un homme qui fait fortune dans un état en excite beaucoup d'autres : l'appât du gain est pour le plus grand nombre, le véritable mobile dans le choix des métiers, des professions.

Septmoncel allait abandonner l'horlogerie pour adopter l'industrie nouvelle qui devait prendre une grande importance.

Au cours du XVIII⁰ siècle on taillait de la pierre blanche, du verre en Allemagne et en Suisse ; on taillait le cristal de roche du Valais. MM. Dumas, Kruger, Raisin, à Genève, étaient réputés comme fabricants lapidaires. Peu à peu, dans le pays de Gex, on tailla de ces pierreries, de la marcassite et du verre plombeux ou cristal factice.

Autrefois, il était défendu en Suisse de porter des diamants et les femmes ne portaient d'autres parures que des marcassites. Les lapidaires suisses en ont taillé beaucoup pour des entourages de médaillons, de boucles d'oreilles, d'épingles et autres objets de bijouterie passés de mode aujourd'hui.

« En 1712, raconte M. Lucien Raymond dans sa *notice sur la vallée de Joux,* un jeune homme du Sentier, nommé Joseph Guignard, alla au pays de Gex apprendre le métier de lapidaire. Il forma des élèves, introduisit cette industrie dans la contrée ; c'est de cette époque que date l'ère des grands progrès qui s'y sont accomplis. L'établissement des nouveaux ateliers obligea à changer l'architecture des maisons, à agrandir surtout les fenêtres et à introduire les poêles auparavant inconnus. Les ouvriers de cette profession devinrent rapidement nombreux et jouissaient d'une grande considération. L'industrie lapidaire s'est maintenue ainsi à un haut degré de prospérité jusqu'en 1813. Elle a commencé dès lors à perdre graduellement de son importance. Plusieurs causes y ont contribué. D'abord la formidable concurrence de la localité française de Septmoncel, ensuite la grande extension de l'industrie de l'horlogerie qui, offrant de plus grands bénéfices, engagea à prendre cette nouvelle industrie... A côté des pierres à bijoux, on fabrique pour les montres, de petites pierres plates en grenat ou rubis, appelées contre-pivots... Les établisseurs ont dû renoncer au travail des pierres fausses, à cause des droits énormes dont elles sont frappées à leur entrée en France. »

En 1740, Samuel-Olivier Meylan, qui était venu apprendre l'horlogerie à Rolle, commença à exercer l'industrie lapidaire de la vallée de Joux : il s'y acquit une certaine réputation.

Il semble donc bien avéré que l'industrie lapidaire n'a pris pied à

Septmoncel qu'après l'apprentissage que certains de ses habitants ont dû faire dans la région de Genève, Gex et de la vallée de Joux et la raison donnée par Lucien Raymond comme l'une des causes de l'abandon de la lapidairerie dans cette vallée, à savoir les droits de douanes élevés à l'entrée en France, explique fort bien la rapide extension de ladite industrie à Septmoncel à la fin du XVIIIe siècle et sa prompte prospérité.

CHAPITRE IV

Les lapidaires de Septmoncel

L'art du lapidaire a été très longtemps méconnu et une bonne taille des pierreries remonte à peine au XIXe siècle. Elle s'est perfectionnée de période en période ; de véritables artistes se sont révélés aussi bien à Septmoncel qu'à Genève, à Paris. Les progrès ont été lents ; il a fallu autant de ténacité que d'intelligence ; beaucoup de nos premiers lapidaires du Jura se cachaient jusque dans les écuries pour travailler en secret, ne pas dévoiler leurs procédés, de sorte que l'art est demeuré longtemps sans développement ; c'est seulement au commencement du XIXe siècle qu'il a pris un élan remarquable pour arriver aujourd'hui à un haut degré de perfection.

On a cité comme l'un des premiers artisans de l'espèce, à Septmoncel, un nommé Michaud du hameau des Thoramys qui, vers 1735, façonna des pierreries pour les horlogers genevois et se serait ensuite préoccupé, à l'aide d'un tour ou meule, de la taille des pierreries pour l'orfèvrerie et la bijouterie.

On a peine à admettre que Michaud se soit livré de lui-même à la taille des pierreries ; il avait dû faire un apprentissage d'une certaine durée. On raconte même que ses débuts furent facilités par un Polonais (?) qui devait être un lapidaire appartenant à l'une ou l'autre des régions précitées.

Plusieurs des voisins de Michaud imitèrent son exemple et fabriquèrent des pierres à taille simple : chatons, dentelles, comme on en faisait à Gex, à Genève, à Paris. Petit à petit, les ateliers de famille se multiplièrent.

Limitée à un écoulement pénible sur Genève, la nouvelle industrie resta longtemps stationnaire. Ce ne fut que vers 1770 qu'elle prit un certain essor, lorsque Gauthier-Clerc et Dalloz-Furet, lapidaires, entreprirent de porter leurs produits à Paris et que Pierre Hubert Lançon, de Septmoncel fit tailler les premiers brillants (32 facettes) en verre blanc.

De Paris, on rapporta de précieux renseignements relatifs à la taille, à la composition des meules pour tailler, pour polir; à l'emploi des matières devant favoriser ce double travail (émeri, tripoli, etc.)

Bien que nous ayons décidé de ne pas pénétrer sur le terrain technique nous avons tenu à citer M. Martin Lançon, lapidaire originaire de St-Claude qui, dans son ouvrage, (*l'Art du lapidaire Paris-Garnier* 1830) nous donne les détails suivants concernant la lapidairerie à l'époque : « On fend avec un marteau tranchant, en morceaux de la grosseur des pierres qu'on veut établir, les blocs de strass et autres compositions; on les arrange ensuite pour les pierres à taille à brillant rond et ovale, pour celles à roses, à dentelles et à huit pans, sur une plaque en tôle appelée fondoir, étendue sur le fond, de tripoli réduit en poudre ou d'une autre terre argileuse pour les pierres plus grandes; on se sert d'un fondoir en terre réfractaire; on le dépose dans un petit fourneau chauffé avec du charbon ou du bois, ou sur un brasier que l'on entretient. La fusion commencée, on retire le fondoir et les pierres sont arrondies ou plus faciles à tailler. Le lapidaire choisit celles qui jettent le plus d'éclat, qu'il cimente à des bâtons.

On taille les pierres artificielles auxquelles on donne indistinctement les tailles à brillants ronds ou ovales, à roses, en tables, à dentelles, à huit-pans, à chatons, etc., sur une roue de plomb avec de l'émeri. Le poli se en fait sur une roue d'étain avec du bon tripoli délayé dans de l'eau.

La machine dont les lapidaires de Paris et ceux de Septmoncel font usage pour tailler et polir les pierres précieuses et les pierres artificielles est composée d'une table à rebords, sur quatre pieds solidement assemblés. Elle est divisée transversalement par une petite cloison percée de trous perpendiculaires qui servent à recevoir les entes (bâtons) au bout desquelles on cimente les pierres que l'on veut tailler ou polir. La table ainsi partagée, présente deux parties distinctes. Dans la partie qui est à gauche du lapidaire, est une manivelle qui correspond à une grande roue de bois placée horizontalement sous la table et qui, au moyen d'une corde qui passe sur la noix, fait tourner la roue qui est à la droite du lapidaire et sur laquelle il polit les pierres qui sont l'objet de son travail.

La tige de fer qui est fixée perpendiculairement sur la table reçoit une espèce d'étui de bois, qui est hérissé de petites pointes de fer qui servent à assujettir solidement l'ente que l'on tient de la main droite et au moyen de laquelle on appuie convenablemnt la pierre sur la roue, qui est tantôt en plomb, tantôt d'étain, de cuivre et même de bois et sur laquelle on étend de l'émeri, du tripoli, de la ponce, de la potée, suivant la nature et la dureté des pierres que l'on veut tailler et polir. Lorsqu'il s'agit d'une taille soignée et d'une pierre de prix, les lapidaires ne tiennent point les

entes à la main, il se servent d'un support assez compliqué appelé
cadran. Il se fixe sur la tige et il reçoit l'extrémité de ces petits manches
de bois.

Le lapidaire est assis sur une chaise ou sur un tabouret, sur le flanc,
en face et au milieu du moulin ; il tourne de la main gauche, la manivelle
et de l'autre, il tient la pierre sur la roue, pour tailler et pour polir.

Le *cadrant* dont parle M. Lançon est, sans contredit, le premier *bâton
mécanique* du lapidaire. Les dessins qui en ont été donnés, sans explication
aucune, ne permettent pas d'en bien saisir le fonctionnement. On le pré-
conisa beaucoup, parce que les facettes se font plus plates et qu'elles sont
aussi plus vives, en balançant un peu la main par le mouvement de va-et-
vient, à droite et à gauche, et en arrêtant de tourner, les fils qui peuvent
rester sur la facette disparaissent par ce mouvement. Il est aussi plus facile
de les régler puisque toutes les vives arrêtes doivent se rencontrer et les
facettes former des pointes aiguës, les unes aux autres ; d'ailleurs, on
ne peut jamais polir une pierre à la main comme on le fait avec cet instru-
ment. Les *facettes* étant bien plates et vives, se correspondant les unes
aux autres, donnent à la pierre plus de jeu et elle ne miroite pas, par con-
séquent, elle donne aussi plus de feu.

Le *cadrant*, recommandé tout d'abord pour le polissage, le fut peu après
pour la tailler en vue d'obtenir plus de régularité ; son inventeur n'est pas
connu.

Les anciens ouvriers lapidaires ont mis en doute l'appréciation ci-
dessus et ont toujours préféré le poli à la main ; ils ont dédaigné le cadrant
qui a été réellement abandonné durant une cinquantaine d'années, jusqu'à
l'apparition du bâton mécanique actuel, vraiment pratique et avantageux.

Du reste, on taillait la pierre fine (rubis, saphir, émeraude) de façon
irrégulière, pour obtenir le plus de rendement possible en poids, de sorte
que, le *cadrant* n'avait pas son utilité.

Revenons à notre historique. D'après M. Chéren, de Gex, lapidaire
à Paris (*Traité scientifique de l'art du lapidaire* Paris 1868), le premier
travail de lapidairerie qui y est fait dans le Haut-Jura est celui de la pierre
fausse, de la *caïoulle*. « La pierre fausse se fait dans les communes de St-
Claude, Septmoncel, la Meure, les Molunes et les environs de ces communes. Les hommes, les femmes, les enfants travaillent tous à la production
de ces pierres que l'on nomme *brillants*, chatons, dentelles de toutes couleurs et grandeurs principalement en blanc. Toutes ces pierres servent
pour la bijouterie fausse que l'on transporte à l'étranger, en Amérique,
en Espagne, en Portugal dans les îles ; on y taille aussi le brillant, c'est-à-
dire le faux diamant, d'une perfection très remarquable. »

Cet historique, contenu dans un ouvrage de 1868, se rapporte à une é-
poque bien antérieure et confirme ce que nous avons donné plus haut.

La taille proprement dite, artistique, est donc relativement moderne et remonte à peine au milieu du XVIIIe siècle. Michaud des Thoramys se distingua peut être par le perfectionnement de la taille, mais n'en fut pas le créateur.

Les lapidaires de la région septmoncelande furent assez nombreux jusqu'à la Révolution. Le métier, mal organisé était malsain ; l'écoulement des marchandises assez difficile et partant, le gain peu rémunérateur. On travaillait le soir à la pâle lueur de la vieille lampe en cuivre et à huile le *croésu* suspendue à une crémaillère fixée au plafond. On cimentait les pierres aux bâtonnets à l'aide de la chaufferette contenant de la braise allumée sur laquelle on soufflait. On gagnait de 1 fr. 50 à 3 ou 4 francs par jour en bien travaillant ; ce gain modeste n'était pas dédaigné ; il venait combler le déficit de la culture. Du reste, à cette époque, on vivait de peu et on savait surtout économiser. Les femmes et les jeunes gens se contentaient d'un salaire modique qui, quelquefois, ne dépassait pas 0 fr. 50.

La lapidairerie a subi des crises très fortes. Durant la période révolutionnaire, cette indutrie fut, pour ainsi dire, anéantie. Elle aurait sombré dans la tourmente si elle n'avait eu d'ardents défenseurs en plusieurs artisans du pays qui allèrent se fixer à Paris. Les premiers s'y rendirent en diligence, même à pied, avec de la marchandise à écouler. Ils rentrèrent, repartirent et dans la suite, l'on vit des membres de telle famille diriger la fabrication sur place alors que leurs frères ou parents installés à Paris écoulaient les produits.

M. Chevassus Alphonse, de Lajoux, installé comme lapidaire à Paris publia, en 1844, un ouvrage intitulé *Le Guide du joaillier et du bijoutier*.

Il y est dit : « Après Paris, il n'y a qu'une seule localité en France où l'on taille les pierres précieuses et fausses : elle est située dans les montagnes du Jura, à deux lieues de St-Claude et cinq de Genève ; elle se compose de plusieurs communes : 1° Septmoncel ; 2° les Molunes ; 3° la Meure ; 4° la Joue. Cet art est connu des habitants de ce pays de temps immémorial... »

Cette assertion se rapporte plutôt à l'année 1744 qu'à 1844 et M. Chevassus s'est montré vraiment téméraire en employant l'expression controuvée de « temps immémorial » démentie ou réfutée par l'historique qui précède.

M. Chevassus continue ainsi : « Les femmes, même les enfants s'en occupent et taillent cette multitude de pierres fausses de toutes couleurs que l'on emploie dans les bijoux dorés ; ils taillent également cette pierre de composition dite strass ou imitation de diamant. La plupart des marchands lapidaires de Paris sont originaires de ce pays dont l'industrie distinguée captive l'attention des voyageurs, ainsi que ses sites pittoresques qui sont semblables à ceux de la Suisse. Mais c'est dans la commune de La Joue qu'un établissement spécial et unique dans son genre vient d'être

...près à deux cent cinquante ouvriers y sont constamment occupés à tailler les pierres précieuses pour la joaillerie et l'horlogerie, par des procédés nouveaux qui méritent l'attention des hommes industriels.

D'après un *Mémoire sur l'état des Manufactures et des Arts dans l'arrondissement de St-Claude pendant l'année 1789 et en l'an IX* de Mr
Baud..., sous-préfet, l'industrie lapidaire était exercée à Septmoncel bien
avant 1789 mais non de temps immémorial. Ce fonctionnaire souhaitait
le prompt rétablissement de la paix pour rendre à la lapidaire une per-...

...nous livrer à consigner les pertes ou profits par la commune de
... pendant non donnée et années écoulées ... il n'en atteint ...
... qui ait ... pendant plusieurs années ... de plus marché ...
... plus facile à avoir que celle de la taille de ...
... marchandises, le cristal de roche, les pierres ... qui
... occupé une nombreuse population autrefois de temps avant de
... Dans la commune de Septmoncel ... le centre ... Paris ...
... s'élevaient ... annuellement à la somme de 400,000 ...
... l'Allemagne et l'Angleterre comptaient fréquemment chacun de même ...

Alors, un ouvrier laborieux gagnait 3 à 4 francs par jour ; son salaire est à peine actuellement de 0,75 parce que les objets de luxe ne sont plus recherchés et que les matières premières se sont élevées à un prix excessif. La paix, en rétablissant les relations avec les étrangers, pourra rendre à ce métier une partie de son activité.... »

Nous avons dit, plus haut, que la profession était malsaine. On lit, en effet, dans une délibération du Conseil de district de St-Claude du 27 septembre 1790 « :... la lapidairerie a des inconvénients... d'abord, pour des causes qui nous sont inconnues, le débit éprouve de longues intermittences qui laissent les ouvriers dans l'oisiveté et la misère ; puis ce métier emporte nécessairement avec lui des maladies terribles : la colique des peintres, le gorgement des extrémités inférieures, l'hydropisie, la phtisie et il est rare qu'un lapidaire parvienne à 40 ans... »

M. Baud devait assister aux réunions du Conseil de district, et cependant dans son mémoire précité, il disait : « il est connu, d'ailleurs, que le métier n'est pas plus nuisible à la santé que ceux qui exigent un travail sédentaire : ces ouvriers ne sont point sujets à la colique des plombiers Ils doivent sans doute cet avantage à leur nourriture composée des produits de la laiterie et à leur propreté... »

Le 15 mai 1806, le Conseil d'arrondissement qui remplaça le Conseil de district, émit un vœu débutant comme suit : « Il existe à Septmoncel et aux Molunes une manufacture de lapidairerie qui occupait avant la Révolution 600 ouvriers et qui n'en emploie à présent que 60... »

D'autre part, un tableau statistique de l'époque donne une courte annotation au sujet de la taille des pierres factices dans le Jura : « Avant la Révolution, dit l'auteur, il existait à Septmoncel et aux Molunes une fabrique très importante de pierres factices qui occupait près de 800 ouvriers. Le nombre en est fort diminué en ce moment ; cependant on conserve l'espoir de le voir se relever... »

L'origine de ces renseignements paraît commune et il semblera hardi de les mettre non seulement en doute, mais encore de les réfuter.

D'après des informations puisées aux meilleures sources, manufacture ou fabrique, ci-dessus mentionnées, n'ont jamais existé. Ce qui le prouve, c'est d'abord un document existant aux archives départementales et où il est dit : « aucun établissement ne réunit à Septmoncel les ouvriers lapidaires : ce sont des paysans travaillant chez eux dans les temps et loisirs que leur laissent les occupations de la campagne, c'est à dire pendant neuf mois de l'année... »

Ce sont ensuite les avis de vieilles personnes qualifiées. Toutes s'accordent à dire qu'aucune manufacture ou fabrique n'a existé sur le territoire de Septmoncel et des Molunes.

La commune de Septmoncel comprenait plusieurs communautés :

Septmoncel, la Meura ou Chaux Berthod, devenue Lamoura, érigée en commune distincte en 1839 — la Joue devenue Lajoux, érigée en commune distincte en 1839, également la Darbella annexée à la commune de Pré manon en 1825.

Nous avons dit déjà que sur ce vaste territoire au rude climat, au terrain peu productif, les habitants furent, de bonne heure, dans la nécessité de recourir à un travail industriel pour suppléer aux maigres profits de l'agriculture : ce travail se faisait en famille et non en atelier commun. Ce qui prédomine, en effet, chez la population ouvrière de la haute montagne, c'est le goût et l'amour du chez soi. La principale pièce de la maison d'habitation est encombrée d'établis, peu importe. L'ouvrier n'aime pas l'usine ; l'atelier, pour lui, c'est la maison où il va et vient librement entouré de tous les siens. Du reste, la lapidairerie n'exige pas l'emploi de la force motrice, sauf pour le travail du diamant. Cette vie besogneuse en famille a de gros avantages aux points de vue de l'indépendance, de la tranquillité et de la moralité. Cependant un courant se dessine en faveur des ateliers ; il en existe déjà à Septmoncel, aux Bouchoux. Le seul atelier lapidaire qui ait existé sur le haut plateau est celui de Lajoux dont parle M. Chevassus. Il fut édifié en 1840 par M. David (Claude Marie) originaire du pays, lapidaire à Paris, qui parcourut les divers lieux du monde, amassa une grosse fortune. C'est lui qui acheta le château Voltaire à Ferney. C'était le grand-oncle des David-Missilier de Lajoux. Il avait épousé Mlle Bavoux, sœur de l'ancien médecin de St-Claude, originaire des Molunes et dont les frères étaient négociants lapidaires à la fois à Paris et aux Molunes.

L'ancien atelier de Lajoux appelé la Grande Fabrique occupait de 100 à 150 ouvriers préparant des contre-pivots en rubis pour la montre. On y commença le travail des pierres fines. Cet établissement ne compte plus d'ouvriers depuis longtemps ; passé à la famille Bavoux, il appartient actuellement à Mme veuve Benoit-Bavoux, de St-Claude.

CHAPITRE V

Essor de lapidairerie. -- Salaires
Le « strass » et « l'éclatante »
Pierres fines

Ce ne fut qu'à partir du XIXe siècle que la lapidairerie prit un nouvel essor et de l'extension, en même temps qu'elle bénéficiait de perfectionnements constants. Et cependant d'anciens ouvriers nous ont dit que vers 1810 un bon lapidaire travaillant de 12 à 14 heures par jour, gagnait tout au plus 0, 80. A cette époque, il y avait environ 60 lapidaires aux Molunes et à Septmoncel. Les causes de cette décadence ont été énoncées plus haut.

Vers 1815, il n'y avait véritablement que 4 ou 5 de ces artisans qui taillaient la pierre fausse dite « strass » ; il s'en fabriquait peu ; il n'existait pour la région, qu'un seul compositeur ou fabricant, M. Martin-Lançon, de Saint-Claude. Le prix moyen de la journée était de 2 francs pour ceux qui façonnaient sans dérangement. Ceux qui entreprirent la vente à Paris réalisèrent plus de profits.

Ces braves gens, dit Chrit en, portaient leur travail à Paris où ils allaient trois ou quatre fois par an ; ils faisaient leurs voyages à pied et rentraient après avoir terminé la vente de leurs pierres ; ils voyageaient toujours plusieurs ensemble pour plus de sécurité. Les premiers furent les nommés Gauthier-Clerc, Dalloz-Furet, Hugon, Roland, Fournier, Chevassus-Berché. Les affaires n'étaient pas très productives, les voyages étaient dispendieux, quoique faits avec beaucoup d'économie. D'autres lapidaires se lancèrent ensuite et allèrent fonder des établissements à Paris où ils fixèrent leur résidence : Bavoux, Chevassus-Mathias, David, etc.

Le strass n'était pas suffisamment connu à l'époque ; il n'était pas abondant et il n'y avait qu'un seul fabricant qui faisait tantôt bien, tantôt mal, parce que les plombs français que l'on ajoutait à la masse de verre en fusion n'étaient pas convenables.

M. Martin Lançon, qui fabriquait à Saint-Claude, sans grande réussite, s'était adonné à l'industrie de la lapidairerie vers 1760. Paris l'attira. Stras était, en 1762, associé comme joaillier à Paris, à un nommé Chéron. Ce furent à ce qui a été établi jusqu'ici, les premiers et véritables inventeurs du *verre plombeux* ou *stras* utilisé pour la fabrication des pierres fausses. En ajoutant à la matière première en fusion et au plomb un oxyde métallique, on obtenait du stras diversement coloré. Martin Lançon alla s'établir comme lapidaire à Paris en 1766. Il connut Stras et, soit qu'il l'eût consulté, soit que l'idée lui soit venue, soit qu'il ait eu recours aux Dumas et Raisin de Genève ou à quelque habile chimiste, il arriva à fabriquer un stras parfait. Son produit était plus dur, plus éclatant. C'est depuis Lançon que le stras fut nommé *éclatante* pendant nombre d'années ; néanmoins il reprit son nom de stras avec un S de plus qu'à celui de son auteur, ce qui fait que l'on écrivit *strass*.

C'est donc seulement en 1799 que Lançon commença à fournir du strass aux lapidaires de Paris et du Jura ; il continua ainsi jusqu'en 1827. A l'occasion de l'Exposition de Paris de 1819, il obtint une médaille d'or.

Martin Lançon avait deux fils : l'aîné s'établit comme lapidaire en 1822, avant que son père ne cessât la fabrication ; il ne fit pour ainsi dire rien de bon jusqu'en 1828, époque à laquelle il fut obligé de renoncer à son industrie, faute de ressources, ce qui l'amena à vendre le procédé de fabrication du strass et ceux qu'il connaissait comme le strass bleu, le violet, le vert. Le rouge ne se faisait pas encore : ce ne fut que quelque temps plus tard que Philippe Lançon le fit le premier. La topaze, le rose et le faux rubis ne se sont faits encore que depuis par Th. Chriten.

Le plus jeune des fils Lançon ne fit rien non plus ; les deux frères cédèrent, à vil prix, leurs procédés de strass à tous ceux qui les voulurent connaître, ainsi que tout ce qu'ils savaient relativement aux compositions des pierres précieuses et à leur imitation. C'est ainsi que Chevasus-Mathias, Lançon Honoré, etc, devinrent fabricants, (Chriten).

De l'époque où les lapidaires du Jura commencèrent à travailler le strass, il faut tenir compte des mauvaises années de la Révolution et de celles qui suivirent. Ce ne fut donc qu'après la paix, le calme qu'ils s'adonnèrent réellement et obstinément à leur industrie, à leur art « Pour lui redonner la prospérité ancienne, dit le Conseil d'arrondissement en 1806, il faudrait que le gouvernement donnât une direction au luxe des pierreries, chose qui amènerait nécessairement la vente de celles qui se fabriquent à Septmoncel, à raison de leur parfaite imitation des pierres fines.

L'Allemagne, la Bohême qui avaient devancé la France dans la fabrication de la pierre blanche lui firent, ainsi que la Suisse, une grande concurrence enrayée par les droits de douane qui toutefois, furent jugés insuffisants.

Une loi du 28 avril 1816 frappa d'un droit de douane de 2, 20 le kilo de pierres factices taillées provenant de l'étranger. En 1825, le Conseil d'arrondissement de Saint-Claude, considérant trop faible cette taxe, réclama un droit d'entrée sérieux sur la verroterie allemande. D'après cette assemblée, la lapidairerie occupait, dans la région, près de 1000 ouvriers.

De 1815 à 1830, beaucoup se mirent à tailler la pierre fine. En 1817, M. Chevassus-Berche aîné des Molunes introduisit la taille des topazes et des améthystes. En 1820, David Claude-Marie et son frère Jean-Pierre commencèrent à faire tailler des rubis et des émeraudes ; ils fondèrent ensuite à Paris, en 1828, une maison importante d'où ils envoyaient des commandes aux ouvriers du Jura et d'où ils expédaient le travail fini dans les divers pays de France et de l'étranger.

Après eux vinrent les frères David-Nillet de Septmoncel, Bavoux, des Molunes, grâce auxquels l'industrie lapidaire devint très florissante.

Les pierreries fines firent fureur sous le règne de Louis XVIII, par suite de la liberté des mers, la France étant en paix avec l'Angleterre, par suite aussi des goûts et des caprices de l'époque. De belles fortunes s'édifièrent surtout par nos compatriotes qui avaient emporté à Paris l'amour du travail, l'activité, l'intelligence et l'esprit d'économie. Ces qualités se retrouvaient également chez la plupart des lapidaires, ouvriers, façonniers et marchands qui demeurèrent au pays et s'y acquirent une belle aisance, sinon la richesse.

Les lapidaires jurassiens finirent par supplanter la plupart des lapidaires parisiens trop peu laborieux et intrigants et dont beaucoup cédèrent à l'entraînement, aux plaisirs de la vie à Paris.

En 1850, fut fondée à Paris la maison Dumont-Vuillet. En 1882, elle fut cédée à un neveu M. Michel Pinier né à Gex en 1859. La succession était lourde pour ses jeunes épaules ; mais il était doué de qualités exceptionnelles. A 15 ans il avait commencé son apprentissage de lapidaire ; quatre ans plus tard il avait déjà acquis la réputation d'un praticien habile, connaissant à fond les difficultés et les secrets de son art. Pendant sa préparation professionnelle M. Pinier compléta son instruction générale de sorte qu'il était tout à fait à la hauteur de sa tâche lorsque lui échut la succession commerciale de son oncle. Il réussit, et au bout de quelques années sa maison devenait l'une des plus importantes de la place de Paris.

A l'exposition internationale de 1900 M. Michel Pinier avait organisé un atelier intéressant dont le fonctionnement fit l'admiration de toutes les personnes qui le visitèrent. Cette exposition valut à son organisateur la médaille d'or.

Sans rien négliger de ses obligations professionnelles M. Pinier a également donné son activité et son dévouement à une foule d'œuvres démocratiques et sociales. En 1911 le gouvernement de la République récompensa par la Croix de la Légion d'Honneur cet homme de mérite, cet artiste fort habile, industriel d'une haute capacité et d'une grande conscience.

Une grande aisance a pénétré dans toute la région de Septmoncel qui a conservé sa population très longtemps. Depuis l'année 1836, prise comme base, le département du Jura a subi une perte de 54.000 habitants, soit environ 17 %, dont 3 % seulement ou 1955 habitants pour l'arrondissement industriel de Saint-Claude.

D'après la statistique il y avait environ 700 ouvriers lapidaires sur le plateau de Septmoncel en 1825 — 650 en 1830 — 675 en 1835 — 600 en 1838. On n'a pas donné les causes de cette fluctuation qui devrait accuser une augmentation, car le travail était plus abondant, plus varié et les salaires plus élevés. De 1820 à 1850 certains ouvriers gagnaient 1 fr. 50 par jour et d'autres 10 francs. Jusqu'en 1870, les salaires furent assez hauts. Une diminution dans le chiffre des ouvriers ne s'explique que par la mévente, par les crises que subit la lapidairerie à certaines époques, crises auxquelles sont sujettes toutes les industries de luxe. La pierre fine ne fit point disparaître la pierre fausse ; le chaton, la dentelle demeurèrent pour les femmes, les jeunes gens, les apprentis et les ouvriers inhabiles. Les bons lapidaires ou finetiers en bien plus petit nombre, s'occupaient du brillant et du *fin*.

L'industrie gagna petit à petit, les Moussières, Bellecombe, la Pesse où, toutefois, il n'y avait encore que 4 lapidaires en 1860. Cette même année le chaton était payé à façon de 0 fr. 60 à 1 fr. la grosse (12 douzaines) de toutes formes et de toutes couleurs.

Dans sa réunion du 23 juillet 1861, le Conseil d'arrondissement de Saint-Claude s'exprimait ainsi : « L'industrie des pierres gemmes et des vitrifications donne lieu à des transactions d'une grande importance, procure du travail notamment aux habitants de Septmoncel et des communes voisines. »

La lapidairerie se développa également dans le pays de Gex avec un personnel bien doué ; on y compte actuellement une vingtaine d'usines et ateliers divers de lapidairerie et une dizaine de diamanteries.

En 1817, la société d'encouragement pour l'industrie nationale proposa un prix de 1200 francs pour le meilleur procédé de fabriquer le strass et les pierres précieuses artificielles.

A l'occasion de l'exposition publique des produits de l'industrie française en 1823, une mention honorable fut décernée « aux lapidaires de Septmoncel qui ont présenté collectivement une suite d'échantillons de joaillerie en pierres fines et en pierres fausses dont la taille annonce une industrie bien dirigée. »

La lapidairerie jurassienne fut représentée à l'Exposition universelle de 1855 (1) par MM. Vuillerme Joseph à Septmoncel — Chevassus cadet, à Saint-Claude — Benoit-Gonin Victor, aux Molunes. Une très grande variété de produits fut exhibée à l'occasion de cette importante manifestation industrielle : brillants cristal imitant les gros diamants — jaspes et lapis ronds, ovales, canelés, chevés avec moulures — topazes ordinaires, topazes cachets — triangles facetés autour — rubis améthystes et grenats de différentes formes — onyx, cornaline — objets de fantaisie : chapeau à claque, chapeau de Napoléon 1er, salière, pistolet en cristal de roche, etc. M. Chevassus obtint une médaille de 1ère classe, M. Vuillerme une médaille de 2e classe et M. Benoit-Gonin une mention honorable.

La pierre chevée — d'après une vieille expression — était la pierre creusée, façonnée irrégulièrement, ne ressemblant en rien à la pierre taillée. Vers 1840, MM. Vuillerme et Vuillet chevaient à Tressus, dans un moulin, aujourd'hui démoli, des pierreries diverses en verre, motifs variés, qu'ils livraient à des joailliers de Genève ; ils se servaient d'un tour vertical. M. Dalloz Sylvain chevait plus tard au Manon, ainsi que MM. Gruet-Masson à Lamoura.

Ce travail de façonnage des minéraux, cette fabrication d'objets et bibelots en verroterie ont disparu de la région ; ils n'ont rien de commun avec la lapidairerie des pierres fines ou synthétiques pour la bijouterie-joaillerie.

Le Moniteur de la bijouterie a donné un article signé « *Le Dalmon* » et intitulé : *Moyen de remédier au chômage dans le Haut-Jura en implantant le travail de la meule en corrélation avec la lapidairerie.* Il y est dit :

« Je veux parler ici de la confection de ces mille petits objets de souvenirs qui se vendent dans les villes d'eaux et touristiques, en agate, onyx, jaspes, lapis, améthystes, cristal de roche, etc., etc.

Or, il est de notoriété que ces tailleries d'objets sont le monopole des Allemands seuls, principalement à Idar-Oberstein, et dans les environs. On y fabrique là des porte-plume, porte-mine, boutons de manchettes, presse-coupe-papiers, coffrets, perles et boules de chapelets, encriers, breloques, etc... Ces articles se font dans de petits moulins à eau très rudimentaires, comme nos petits moulins de campagne, installés sur les ruisseaux, au moyen de meules énormes. Les ouvriers travaillent allongés dans une position horizontale, usent les gros blocs de quartz sur ces meules et produisent ces objets de toutes formes, lesquels sont remis aux lapidaires en chambre pour les polir, les percer, les terminer enfin.

---

(1) La douzième depuis la création de cette institution en 1798. Elle avait lieu périodiquement à Paris tous les 5 ans.

Il est un fait indéniable, c'est que ce travail de la pierre sur la meule, bien qu'exigeant une grande habitude, n'exige pas autant de précision que la taille des pierres de bijouterie ; or, ce serait un emploi facile au vieux lapidaire dont la vue baisse avec l'âge, et que cette infirmité oblige à chômer. Il paraît même que le travail de la meule n'est pas inconnu par un certain nombre d'ouvriers lapidaires du Jura. Alors ! qu'attendent donc les fabricants lapidaires pour implanter dans cette région cette industrie de la taille des agates, jaspes, cristal de roche, etc. pour enrayer le chômage et pour concurrencer les Boches ?

En effet, j'estime que cette nouvelle industrie, ne comporterait aucun aléa même au début de sa création dans le Haut-Jura, car ce ne sont pas les forces hydrauliques qui manquent pour obtenir un rendement à bon marché.

Quant à l'écoulement de ces objets fabriqués, il est absolument certain car pour s'en faire une idée, on n'a qu'à se rendre compte des assortiments considérables que l'on voit dans les principales villes d'eaux des Pyrénées, des Alpes, du Plateau central, etc...

Moi-même, j'ai fait ce commerce pendant 25 ans, je puis donc en parler savamment. Il arrivait souvent que, forcé de travailler avec les Allemands, jusqu'à la veille de la guerre, sur la demande de certains clients, de la provenance de ces objets, je répondais invariablement : *Cela vient du Jura*, car j'ai toujours eu honte d'avouer aux acheteurs que nous étions tributaires de nos ennemis pour cette fabrication bien que le mauvais goût apparent s'en fit sentir.

A côté de la taille de ces différents quartz, par le procédé de la meule, il y aurait à créer aussi un genre spécial de montures, en métaux divers et appropriés à la forme des blocs taillés. Ceci étant du ressort des fabricants de petits bronzes, nous y reviendrons dans un autre article ».

(Le Dalmon)

L'industrie lapidaire s'est étendue tout d'abord dans une vingtaine de villages de la haute montagne et des environs de Saint-Claude où elle a occupé, cette ville comprise, de 3.500 à 4.000 ouvriers.

Pour 1414 habitants, Septmoncel comptait récemment 950 lapidaires
Pour 528 habitants, les Molunes comptait récemment 350 lapidaires
Pour 523 habitants, Lajoux comptait récemment 350 lapidaires
Pour 700 habitants, Lamoura comptait récemment 450 lapidaires.

Semblable proportion se rencontre dans presque toutes les communes du haut plateau.

D'année en année, l'industrie a gagné la région circonvoisine de l'Ain, du Doubs.

En 1901, le département de l'Ain comptait 971 lapidaires.

Jusqu'en 1870, la lapidairerie resta à peu près stationnaire avec des salaires convenables, et subissant les contre-coups de l'état politique intérieur et extérieur. A partir de 1871-72, elle se releva sensiblement ; vers 1874, la taille des pierres fines commença à reprendre une grande extension. Un bon ouvrier en faux gagnait alors plus de 5 francs par jour ; un bon finetier gagnait de 10 à 20 francs et jusqu'à 30 francs.

______

CHAPITRE VI

Le doublé et le simili
Le bâton mécanique
Taille mécanique de la pierre fausse

______

Ce sont les lapidaires suisses de la vallée de Joux qui imaginèrent, en 1840, la pierre *doublée*. Elle se composait d'une plaque de pierre fine collée sur du verre ou du strass au moyen de mastic en larmes. Ce procédé ne donna pas de bons résultats.

En 1845, Cartier, lapidaire de la Combe de Mijoux, imagina un autre moyen en collant au feu une plaque de grenat fin sur du strass. Ce système fut mis en pratique par un lapidaire de Genève, il réussit parfaitement. M. David Missilier, de Lajoux, un des plus anciens lapidaires de la région, le fit connaître autour de lui. La fabrication du *doublé* a grandement contribué à la prospérité de l'industrie.

Il en est de même du *simili* qui consiste à donner à un brillant de strass l'éclat du diamant. Pour cela, on garnit la culasse de la pierre d'une couche de matière analogue au tain des glaces, recouverte de dorure. Ce procédé original a été employé en 1884 par un lapidaire de Paris, Vuillermoz, originaire des Moussières et ce, sur les indications et encouragements de deux de ses compatriotes : Benoit-Gonin Aristide, de Septmoncel, et Gauthier Charles, des Molunes, lesquels, négociants lapidaires à Paris, n'avaient pas les loisirs de s'occuper du nouveau procédé dont l'application de début coûta relativement cher. Cette méthode a été bien perfectionnée, industrialisée et donne des résultats merveilleux par un travail compliqué et délicat. Par la fusion, on a allié du strass blanc à du strass coloré (procédé Grossiord, des Moussières) pour obtenir des pierres tricolores, multicolores, deuil (proserpine).

M. Jules Michaud, des Molunes, trouva l'*étincelle* en soudant, par la fusion, une pointe rouge en verre à la culasse d'une pierre blanche.

A Bellecombe, les frères Grostabussiat, originaires de Begnins, canton de Vaud (Suisse) taillaient les lentilles noires à six facettes, avec table, pour deuil.

Grenard Samuel, aux Molunes, était réputé fin lapidaire ; il fut le premier à tailler du *rubis aggloméré*, produit d'un chimiste genevois qui avait commencé par fondre ensemble de petits rubis pour en obtenir de plus gros vendus sous le nom de *rubis reconstitué*. Vers 1866, il lança sur le marché des rubis de sa fabrication, d'un éclat magnifique ; c'était le rubis artificiel ou scientifique présenté souvent comme naturel.

Depuis 1885 environ, les lapidaires font usage du *bâton mécanique* qui a remplacé, très avantageusement, l'ancien cadrant tombé en désuétude. Le bâton mécanique a réduit l'apprentissage et permis plus de régularité dans la taille et le polissage. Il en existe divers modèles : les uns munis de disques à pans, les autres de barillets à trous ; ce sont ceux de MM. Vuillermoz, des Moussières, et Duret, de Saint-Claude, type à deux pierres aujourd'hui délaissé, ceux de MM. Vuillet-Jeantet, à St-Claude, Grofilley, à Lélex, Clément-Girard, à Longchaumois, Vuillermoz Léandre et Mermet-Grandfille Lucien, à la Pesse. Le bâton de ce dernier inventeur, avec tableur perfectionné, est considéré comme étant le plus pratique, le meilleur.

Après le bâton à deux pierres, on eut le bâton à cinq pierres. Le premier avait inspiré les chercheurs parmi lesquels M. Grospiron Aristide, des Molunes qui, vers 1890, créa un bâton multiple à cinq pierres. Il ne se préoccupa ni de le faire breveter, ni de le répandre. Il s'en servait pour le travail des *roses* qu'on ne taillait que d'un côté sans avoir à les retourner.

Le 6 avril 1908 fut délivré un brevet d'invention à M. Edouard Pernier à Gex pour « perfectionnements apportés dans les machines à tailler les pierres fines et fausses de la bijouterie ». L'invention de M. Pernier, bâton à 5 pierres, était caractérisée par un dispositif de double compensateur permettant de faire travailler les pierres indifféremment de l'un et l'autre côté, par la manœuvre unique d'une poignée présentant une graduation correspondant aux divisions de la taille. La poignée était combinée avec un dispositif de roue avec crans d'arrêt assurant automatiquement le réglage et la distribution des facettes. Cette roue était facilement démontable pour permettre de substituer une roue à une autre dont le nombre et la position des crans étaient différents, afin d'adapter l'appareil à d'autres tailles ou formes de facettes.

L'appareil breveté comportait 5 porte-pierres placés parallèlement, portant chacun un pignon denté engrenant avec le pignon voisin et recevant simultanément leur rotation de la poignée rotative goupillée sur l'un des pignons.

La taille et le poli d'un certain nombre de pierres à la fois ont amené l'abandon des *bâtons multiples* pour l'emploi des meules cylindriques permettant un plus grand rendement. On les rencontre dans tous les ateliers de taille mécanique : Dalloz, Grandclément, Grospiron, Bussod, à St-Claude, Lançon, à Ranchette, pour ne parler que de ceux de la région san-claudienne.

On travaille dans ces ateliers, le strass et la marcassite, 70 à 100 pierres à la fois. M. Grospiron Aristide a la spécialité de la menue marcassite dont un millier de pierres représente le volume de trois bonnes prises de tabac.

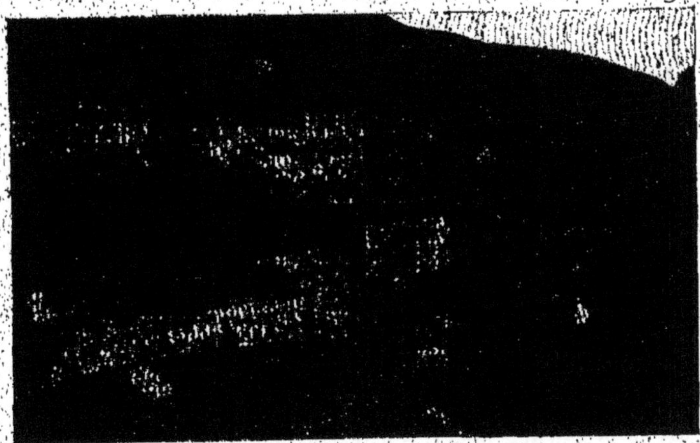

SAINT-CLAUDE. — ÉTABLISSEMENT ÉMILE DALLOZ
(TAILLERIE MÉCANIQUE DE PIERRES FAUSSES)

(Cliché Grand Négoce)

Entre tous, un article de pierres fausses, qui a particulièrement donné lieu à des conceptions mécaniques, est bien le chaton à 8 facettes. Ce genre de pierres, concurrencé très activement par la Bohême à la fin du siècle dernier, faillit disparaître du Jura. Vint heureusement à temps le procédé Émile Dalloz. Dès 1899, furent créés des appareils nouveaux à production intense, pour la taille des chatons et même des 24 et 32 facettes, appareils laissant loin derrière eux tout ce qui avait été tenté jusque là (1) ainsi que le bâton mécanique actuel, si remarqué pourtant, à l'apparition de chaque nouveau modèle, mais qui ne permet que le travail d'une pierre. Le temps n'est plus où toutes les pierreries devaient se tailler une à une, ou même

---

(1) Les frères Dalloz, originaires du Martinet, commune de Villard-St-Sauveur (Jura) avaient installé, vers 1895, une taillerie mécanique au Pré Saint-Gervais près de Paris, ils taillaient 144 pierres à la fois. Leur entreprise ne réussit pas.

par petits groupes. Les machines Emile Dalloz taillent et polissent simultanément des dizaines, des centaines de pierres blanches ou de couleurs.

Les perfectionnements ainsi apportés dans le travail lapidaire ont
rénové l'industrie de la pierre fausse dans la région et montré la meilleure
voie à suivre. Nous n'aurions pas voulu terminer la présente étude sans
signaler les valeureux efforts de notre compatriote et les heureux résultats
qu'il a obtenus.

Avec les ateliers de M. Emile Dalloz, citons les établissements similaires
de M. Louis Dalloz, son frère, de M. Jules Grandclément, à Saint-Claude,
un autre compatriote : d'autres s'organisent. L'opinion que nous avons
de ces créations nous fait entrevoir l'emploi du machinisme dans toutes
les branches de la lapidairerie. A la routine qui régna trop longtemps
doivent se substituer de nouvelles méthodes nées de la réflexion, du rai-
sonnement, de l'étude. L'expérience des temps passés n'est profitable que
si, avec elle, les principes de la science et de la mécanique moderne, les
lois inéluctables du progrès sont appliqués. Chaque métier évolue, doit
évoluer sous peine de déchoir, et les lapidaires le comprennent si bien aujourd'hui, ceux de la ville comme ceux de la montagne, que l'établissement
d'une école d'apprentissage est décidé à Saint-Claude. Ce fait important
révolutionnera peut-être les anciens artisans, il est l'indice réconfortant
que l'industrie de la pierrerie est aujourd'hui conduite par des gens éclairés
qui veulent, en la développant, accroître la renommée artistique du pays et
sa richesse. La surproduction par le machinisme n'est pas à craindre. Un
travail intelligent et non routinier, exécuté en atelier par procédés mécaniques, amènera la diminution des heures passées à l'établi. Tout en don-
nant une production plus régulière, plus abondante et meilleure, il per-
mettra de soutenir plus efficacement la lutte contre la concurrence étran-
gère. Nous pouvons ajouter que dans bien des cas, le travail à l'atelier
est plus hygiénique qu'à la maison, où les pièces sont surchauffées en hiver
et mal aérées.

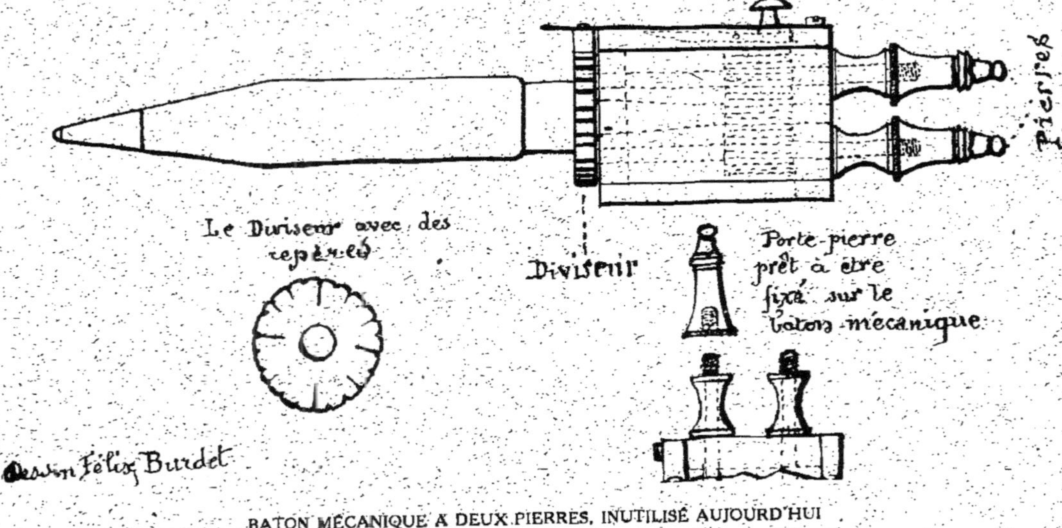

BATON MÉCANIQUE A DEUX PIERRES, INUTILISÉ AUJOURD'HUI

CHAPITRE VII

Le diamant

Nous consacrons un court chapitre à l'industrie diamantaire.

Après 1870, l'industrie lapidaire, avons-nous dit, subissant les conséquences de notre désastre, resta quelque temps stationnaire avec des salaires plutôt faibles. Peu à peu un réveil de l'activité industrielle se manifesta, les salaires se relevèrent.

Une nouvelle branche de la lapidairerie allait pénétrer et se développer dans la région ; ce fut la *diamanterie* qui, à son tour, apporta à un certain nombre d'artisans de la région san-claudienne un travail agréable, délicat, rémunérateur, et accrut encore l'aisance générale.

Le pays est redevable pour beaucoup de ce surcroît de bien-être à M. Goudard Eugène, originaire de Divonne (Ain), négociant lapidaire à Paris qui, dès 1872, créa une taillerie de diamants dans la capitale.

Jusque-là, la Hollande avait eu le monopole presque exclusif de cette importante industrie. Cependant une fabrication de ce genre qui tient à l'art par beaucoup de côtés, ne pouvait laisser indifférents la plupart des lapidaires de Paris, négociants ou ouvriers, presque tous véritables artistes.

M. Goudard songeait depuis longtemps à établir sur des bases solides une taillerie de diamants à Paris ou en province. A cet effet, il avait essayé plusieurs fois, d'envoyer des apprentis dans les ateliers hollandais pour apprendre en même temps le travail et l'organisation générale. Mais les ouvriers étrangers étaient mal accueillis en Hollande ; les tentatives de M. Goudard échouèrent. Il ne se rebuta point et se disposait à recourir à d'autres moyens lorsqu'il fut assez heureux pour associer à ses travaux M. Grosfilley, son compatriote, originaire de Lélex (Ain), profondément versé dans la science mécanique. Celui-ci connaissait l'installation hollandaise ; il en corrigea certaines défectuosités et son outillage, sensiblement perfectionné, fut la cause essentielle de la réussite. Néanmoins, l'entreprise connut à ses débuts des difficultés et des déboires ; mais grâce à leur intelligence, à leur ténacité, à leurs ressources financières, les deux associés sortirent triomphants de cette lutte industrielle. Des succès aussi décisifs que rapides ne tardèrent pas à les récompenser de leurs efforts persévérants autant qu'ingénieux.

La taillerie de diamants de MM. Goudard et Grosfilley à Paris occupa d'abord une trentaine d'ouvriers. On lui donna peu après une filiale à St-Genis, près Gex (Ain), qui fut dirigée par M. Donnet, ancien lapidaire de Paris, propriétaire du sol sur lequel fut construit l'atelier et de la source qui donna la force motrice. On occupa là, tout d'abord, une trentaine d'ouvriers recrutés parmi les meilleurs lapidaires de la région.

Les apprentis, de suite rétribués, étaient au salaire mensuel de 200 fr. ; les bons ouvriers gagnaient 30 ou 40 francs par jour, mais ils ne travaillaient que 3 ou 4 jours par semaine. Les 24 pierres 16/16 pour 4 carats étaient payées 6 fr. 25 l'une et les petits chatons 3 fr. 25 ; le boort 10 francs le carat et la place 2 francs par jour.

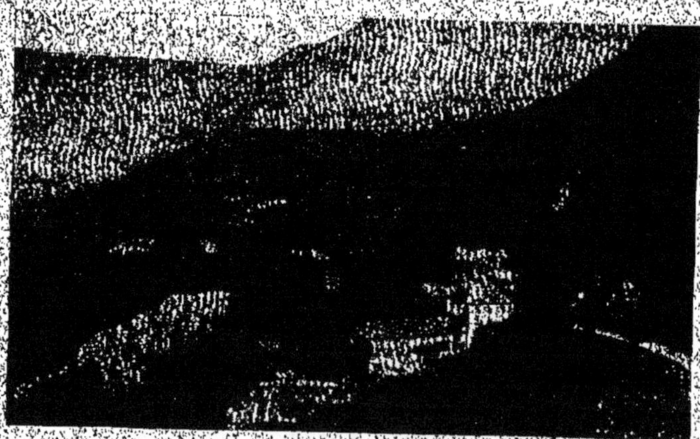

LA PREMIÈRE DIAMANTERIE DE LA RÉGION SAN-CLAUDIENNE
A MONTBRILLANT (1877)

Cliché Grand Nancy

M. Goudard s'aboucha ensuite avec le cousin de son associé M. Dalloz Sylvain, lapidaire au Manon, et favorisa la création en 1877, de l'atelier de la Patinerie, à Montbrillant, commune de Villard-Saint-Sauveur, où coule une abondante source. Il autorisa quelques-uns de ses bons ouvriers de St-Genis, originaires de la région, à venir y travailler: Dalloz Elie, Dalloz Olivier, Benoit-Gonin Aristide, etc...

M. Goudard avait épousé une demoiselle Colomb, fille d'un pharmacien de Saint-Claude. Cette alliance lui procura des intérêts dans le pays et, en particulier, à Avignon-les-St-Claude où la famille Goudard, propriétaire du château de « la Goutte », jouit d'une vive sympathie en raison de la prospérité que M. Goudard Eugène a fait naître dans ce modeste village.

M. Goudard y fonda, en 1884, un atelier diamantaire actionné par une machine à vapeur. Au bout de quelques temps et pour obtenir un meilleur travail avec plus de rendement, il facilita la conversion dudit atelier en coopérative.

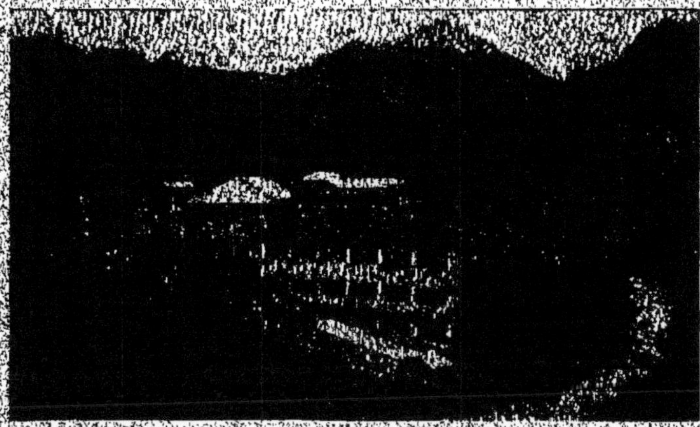

SAINT-CLAUDE — DIAMANTERIE DE LA SERRE (1878)

Un autre négociant lapidaire de Paris, M. Roulina, avait une taillerie de diamants, 15, rue des Trois-Bornes. Comme M. Goudard, il voulut créer des ateliers en province. En 1878, il fonda celui de la Serre; en 1882, celui de Saint-Blaise, tous deux dans la banlieue de Saint-Claude. Ce dernier eut, comme directeurs successifs, MM. Pigale, Dalloz, Driat; il ne donna pas les résultats espérés et fit place, dans la suite, à une fabrique de pipes.

Quant à celui de la Serre, il devint, en 1892, la coopérative Michaud-David et Cie qui engloba celle d'Avignon laquelle, possédant déjà des subsides, en fut l'un des principaux éléments. Cette coopérative, constituée par 28 ouvriers en compta vite 150 ; elle est demeurée importante et prospère ; elle porte aujourd'hui le nom de « Adamas », compte 107 adhérents à qui elle assure une retraite de 1700 francs par an. Dès que l'élan fut donné les choses allèrent rapidement : les ateliers se multiplièrent aux Moulins, aux Arrivoirs (Saint-Claude) au Martinet (Villard-Saint-Sauveur) etc.

La région san-claudienne compte actuellement une soixantaine d'ateliers de plus ou moins grande importance ; occupant avant la guerre 1500 ouvriers, il en existe à peine 700 aujourd'hui.

La coopérative la plus conséquente est celle de Saint-Hubert (Saint-Claude), « le Diamant » ancienne société Reffay-Fournier et Cie, fondée en 1897 ; elle occupe actuellement près de 300 ouvriers, possède de beaux immeubles et semble dans une situation très prospère. Les anciens ouvriers sont occupés à une tournerie, annexe de l'atelier diamantaire.

Le salaire moyen du diamantaire était, avant la guerre, de 40 à 60 francs par semaine ; il a dû être augmenté, en raison du coût actuel de la vie.

Florissante dans les premières années, l'industrie diamantaire faisait présager, pour la région, un brillant avenir ; mais il n'en fut pas ainsi. Nécessitant de la part des ouvriers un instinct artistique et des qualités toutes spéciales elle exigeait des patrons un sens de psychologie industriel indispensable. Ceux-ci, se reposant un peu indolemment sur les commandes qui affluaient, négligèrent un peu trop le côté technique à tel point que la place de Saint-Claude ne tarda pas à être discréditée sur les marchés diamantaires. La confiance fut longue à revenir ; elle ne fit réellement retour qu'après le mouvement coopératif ouvrier qui se produisit vers 1890. Les associés eurent surtout en vue d'apporter plus de sécurité à leur situation, de conserver la nouvelle industrie et de s'assurer, pour eux et leurs familles, des salaires convenables.

CONCLUSION

Nous ne dépasserons pas les limites que nous nous sommes assignées. Nous avons, en bannissant les développements ampoulés, les détails oiseux, présenté le résultat de nos recherches en ce qui concerne l'installation de la lapidairerie, en général, dans notre région jurassienne.

Nous terminerons en disant que la région de Septmoncel et de Saint-Claude a été grâce à l'initiative de quelques-uns, particulièrement favorisée depuis plus d'un siècle. Bien que l'industrie lapidaire ait connu de fréquentes crises, la population très laborieuse et économe, a su acquérir une bonne aisance et même la fortune. Les perfectionnements de cette industrie iront en augmentant et principalement après la création d'un enseignement technique. Malgré tout, ils seront peut-être insuffisants pour parer aux fluctuations, aux perturbations dues à la raréfaction de la matière première, à la concurrence, à la spéculation, à la fabrication du brut artificiel, etc... Ces malaises occasionnent des chômages préjudiciables, sinon désastreux surtout à la ville, car à la campagne, la main d'œuvre qui devient disponible, trouve à s'employer aux divers travaux agricoles. Et cependant l'on est toujours enclin à admettre qu'une fabrication ancienne ne doive pas connaître le manque de fixité, de stabilité, de permanence. C'est hélas ! le sort réservé à toutes les industries de luxe.

Quoi qu'il en soit, la population du Haut-Jura qui eût dû fuir un climat rigoureux, un sol quasi-aride, s'est maintenue et même parfois accrue dans cette région où l'agriculture est alliée à une industrie qui a connu des jours très prospères. Alors que la population du département du Jura tombait de 315.000 habitants, en 1836, à 260.000 en 1901, elle diminuait très peu dans l'arrondissement de Saint-Claude, oscillant autour de 50.000 habitants : 51.522 en 1836 — 49.567 en 1901 — 50.641 en 1911. Septmoncel qui ne comptait que 1302 habitants en 1836, en a compté plus de 1.400 pour retomber à 1.346 en 1911, à 1.248 en 1921.

L'ancienne communauté de Septmoncel comptait 2968 habitants en 1806 — 2.922 en 1836 — 2.611 en 1839, année de la séparation, pour tomber à 2.461 en 1911 et 2.192 en 1921. Cette diminution de population, très marquée depuis une vingtaine d'années à Lajoux qui a passé de 723 à 352 habitants, est due surtout à la rigueur du climat, à l'attraction des centres industriels, à l'isolement, à la difficulté des communications.

La lapidairerie a, sans contredit, diminué pendant un certain temps la valeur physique de la population.

On disait à l'époque de l'emploi des meules de plomb :

« Le travail lapidaire a plusieurs causes d'insalubrité. Il tient l'ouvrier assis dans une immobilité presque complète, celui-ci agite les bras avec plus ou moins de force, suivant la dureté et le volume de la pierre ; mais les membres inférieurs sont au repos absolu. Les occupations champêtres viennent, chaque année, divertir l'ouvrier de ce travail monotone et énervant ; elles lui permettent de respirer le grand air et de retremper un peu ses forces par l'exercice ; mais elles sont de trop courte durée pour que leur influence parvienne à compenser le tort fait à la constitution par la longue immobilité de l'établi. D'un autre côté, le lapidaire, faisant usage de la meule de plomb, subit plus ou moins l'influence délétère de ce métal. Les soins de propreté sont souvent négligés ; pour prendre leur repas, les ouvriers passent les mains dans l'eau, mais ne les lavent pas exactement, il les essuient à un morceau de toile qui sert, pendant une semaine entière à tout l'atelier et à toute la famille ; mais, ce n'est pas là le pire : au lieu d'aller hors de la maison, au grand air pour brosser leurs pierres chargées d'une boue plombique desséchée, ils pratiquent cette opération dans la chambre et s'enveloppent ainsi d'un nuage de poussière toxique, laquelle s'attache aux vêtements, à la peau, pénètre par la bouche et le nez jusque dans le poumon, et de là dans le sang. »

Il ne peut être sain évidemment de vivre dans un tel milieu : l'usage des roues de plomb, une mauvaise hygiène ont exercé une action fâcheuse sur les tempéraments et cette action combinée avec l'état sédentaire, le défaut de mouvement et d'exercice a été la cause évidente de la dégénérescence physique de la population lapidaire. Le fait a été constaté par les conseils de révision ainsi que par les praticiens appelés à donner leurs soins aux malades. Il suffit à ce sujet de rappeler l'extrait donné ci-devant, de la délibération du Conseil de district de St-Claude, en date du 24 septembre 1790. En 1856, les conscrits septmoncelands avaient frappé tout le monde par leur petite taille, la pâleur de leurs traits, beaucoup avaient dans la tournure la gaucherie des gens qui n'ont pas l'habitude de marcher ; quelques-uns même portaient sur leur visge amaigri et dans leurs yeux éteints une sorte d'hébétude maladive.

Le saturnisme ou intoxication par le plomb était donc un fait général ; mais les ouvriers d'aujourd'hui prennent beaucoup plus de précautions qu'autrefois ; ils ont une meilleure hygiène et les conditions du travail ont été modifiées. Depuis 1875 environ, pour la pierre fine surtout, la roue en plomb a été remplacée par la meule en cuivre qui s'use moins vite et ne présente pas les mêmes inconvénients. Pour le faux on utilise beaucoup la roue de carborandum. Le saturnisme a donc disparu. Et si l'on ne rencontre plus autant de robustes montagnards, d'aussi beaux gars qu'autrefois, c'est qu'il s'agit d'un état de choses dû à des causes diverses : rigueur du climat, excès de travail, mauvaise hygiène, abus parfois... Malgré les charges spéciales qui leur incombent, malgré que le bétail, la laiterie, la fabrication des chevrets et des fromages soient exclusivement de leur domaine, beaucoup de femmes se sont jointes aux hommes et les suites d'un travail prolongé, trop assidu, surtout à l'établi, ont été pernicieuses.

Quoiqu'il en soit, l'union de la petite industrie et de l'agriculture, qui est un des caractères spéciaux de l'économie rurale dans le Haut-Jura, a ralenti et enraye le dépeuplement. La lapidairerie, véritable industrie de famille jusqu'ici, a procuré partout l'aisance ; la richesse publique s'est développée ; des maisons vastes, agréables, aux baies nombreuses ont été édifiées. Un certain confort s'est installé à peu près partout (hygiène, nourriture, habillement) ce qui est venu contribuer au relèvement physique de la population.

D'anciens ouvriers, laborieux et économes, sont devenus patrons et presque tous les façonniers et marchands lapidaires habiles ont réalisé de plus ou moins grosses fortunes, tout en répandant le bien-être autour d'eux.

L'industrie, répétons-le, a connu de dures crises, de maigres salaires. C'est à l'Allemagne que nous sommes redevables, en particulier, de la forte baisse qui a suivi la guerre de 1870 et cependant nos vainqueurs d'alors, les vaincus d'aujourd'hui, n'ont jamais pu concurrencer ou dépasser nos lapidaires sous le rapport artistique et le bien fini des pierreries. Comme le disait récemment une publication industrielle, il faut que les lapidaires s'organisent s'ils veulent tenir tête aux Allemands dont l'activité reprend déjà dans certaines industries grâce à leur change très bas et qui commencent à inonder la France et les marchés mondiaux de leurs marchandises à bas prix. Des usines bien approvisionnées et bien représentées sur les diverses places sont le meilleur et le plus durable moyen de leur barrer la route. L'industrie lapidaire est essentiellement française et les efforts des uns et des autres doivent s'employer à lui donner ce caractère.